Unser erstes

zum Entdecken, Lesen und Hören

Was du mit diesem Buch alles machen kannst

Nun, zunächst einmal darin blättern. Im französisch-deutschen Wörterverzeichnis stehen mehr als 800 Begriffe. Zu jedem Begriff findest du ein Bild und die deutsche Übersetzung. Die französischen Begriffe sind nach dem Alphabet geordnet, sodass du ein bestimmtes Wort leicht finden kannst.

Die Wörter im alphabetischen Verzeichnis sind Nomen (Hauptwörter) wie **astronaute** und **zèbre**. Die Verben (Tätigkeitswörter) findest du fast alle auf den vier Seiten **Ce que tu peux faire**. Die meisten Adjektive (Eigenschaftswörter) stehen auf den zwei Seiten **Petit et grand** und die Präpositionen (Verhältniswörter) auf der Doppelseite **Où sont-ils?**

Willst du wissen, wie ein deutsches Wort auf Französisch heißt, schlägst du im deutsch-französischen Wörterverzeichnis nach. Möchtest du zum Beispiel das französische Wort für **Bohrmaschine** wissen, dann guckst du im deutsch-französischen Verzeichnis unter **B** nach. Dort steht dann, dass **Bohrmaschine** auf Französisch **perceuse** heißt. Danach kannst du im französisch-deutschen Teil unter **perceuse** nachschauen, ob eine französische Bohrmaschine so aussieht, wie du sie dir vorgestellt hast.

Schaust du beispielsweise im deutsch-französischen Wörterverzeichnis unter **W** nach, was **werfen** auf Französisch heißt, findest du die französische Übersetzung **lancer** und die Zahl **89**. Das bedeutet, dass das Wort **lancer** auf Seite **89** steht. Diese Seite ist eine Bildseite und hier musst du dann ein bisschen nach dem Wort **lancer** suchen.

Wenn du einen TING-Stift hast, dann kann dieses Wörterbuch sogar noch viel mehr! Nachdem dir ein Erwachsener die entsprechenden Dateien auf den TING-Stift geladen hat, geht das so:

Das Geräusche-Such-Spiel: Damit das Zuhören noch mehr Spaß macht, haben wir auf jeder Doppelseite mal hier, mal da lustige Geräusche versteckt. Wie viele kannst du auf den verschiedenen Seiten finden?

Viel Spaß beim Französisch lesen und hören!

Was findest du wo in diesem Buch?

Das französisch-deutsche Wörterverzeichnis mit Bildern 4

Bunte Bilderseiten nach Themen geordnet

Les couleurs, Les formes, Les nombres 78
Farben, Formen, Zahlen

Ma famille 80
Meine Familie

Notre maison 81
Unser Haus

Petit et grand 82
Klein und groß

Où sont-ils? 84
Wo sind sie?

Ce que tu peux faire 86
Was du tun kannst

Quelle heure est-il? 90
Wie spät ist es?

Le jour et la nuit 91
Tag und Nacht

Une année a douze mois 92
Ein Jahr hat zwölf Monate

Le temps 93
Das Wetter

Les quatre saisons 94
Die vier Jahreszeiten

La Toussaint, la Fête Nationale 96
Allerheiligen, Nationalfeiertag

Das deutsch-französische Wörterverzeichnis 97

Impressum 108

a b c d e f g h i j k l m n o p q r s t u v w x y z

A a

l'abeille
Biene

l'accident
Unfall

les acrobates
Akrobaten

l'adresse
Adresse

les adultes
Erwachsene

l'aéroport
Flughafen

l'affiche
Poster

l'agneau
Lamm

l'aigle
Adler

l'aiguille
Nadel

a b c d e f g h i j k l m n o p q r s t u v w x y z

les aiguilles à tricoter
Stricknadeln

l'ami/amie
Freund/in

l'aile
Flügel

l'ampoule
Glühbirne

l'aire de jeux
Spielplatz

l'ananas
Ananas

l'album
Album

l'ancre
Anker

l'alligator
Alligator

l'âne
Esel

les allumettes
Streichhölzer

l'ange
Engel

l'ambulance
Krankenwagen

l'animal en peluche
Kuscheltier

5

a b c d e f g h i j k l m n o p q r s t u v w x y z

les animaux
Tiere

l'aquarium
Aquarium

les animaux domestiques
Haustiere

l'araignée
Spinne

l'anniversaire
Geburtstag

l'arbitre
Schiedsrichter/in

l'anorak
Anorak

l'arbre
Baum

l'appareil photo
Fotoapparat

l'arc
Bogen

l'appareil photo numérique
Digitalkamera

l'argent
Geld

l'appartement
Wohnung

l'argent de poche
Taschengeld

a b c d e f g h i j k l m n o p q r s t u v w x y z

l'armoire
Kleiderschrank

l'arrêt de bus
Bushaltestelle

l'arrosoir
Gießkanne

l'ascenseur
Fahrstuhl

l'aspirateur
Staubsauger

l'assiette
Teller

l'astronaute
Astronaut/in

l'atlas
Atlas

au revoir
Auf Wiedersehen

l'autobus à impériale
Doppeldeckerbus

l'autruche
Strauß

l'avion
Flugzeug

B b

le bac à sable
Sandkiste

la bague
Ring

la baguette
Baguettebrot

la baguette magique
Zauberstab

la baignoire
Badewanne

le bain moussant
Schaumbad

le baiser
Kuss

le balais
Besen

la balançoire
Schaukel

la balançoire à bascule
Wippe

a **b** c d e f g h i j k l m n o p q r s t u v w x y z

la balayette
Handfeger

la baleine
Wal

le ballon
Ball

le ballon
Luftballon

le ballon de football
Fußball

le ballon de plage
Wasserball

la banane
Banane

le bandeau serre-tête
Stirnband

la barque
Ruderboot

le bateau
Boot

le bateau pneumatique
Schlauchboot

le bâton
Stock

le bâtonnet de poisson
Fischstäbchen

les bâtons de ski
Skistöcke

9

a **b** c d e f g h i j k l m n o p q r s t u v w x y z

la batte
Schläger
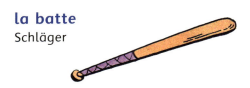

la bibliothèque
Bücherei

le bébé
Baby

la bicyclette
Fahrrad

le bec
Schnabel

la bille
Murmel

la bêche
Spaten

le billet
Fahrkarte

le bermuda
Shorts

le biscuit
Keks

le beurre
Butter

le bœuf
Ochse

la bibliothèque
Bücherbord/
Bücherregal

le bois
Holz

10

a **b** c d e f g h i j k l m n o p q r s t u v w x y z

la boisson
Getränk

le bonnet
Strickmütze

la boîte
Kiste

le bonnet de bain
Badekappe

la boîte aux lettres
Briefkasten

les bottes
Stiefel

la boîte de conserve
Dose

les bottes de pluie
Gummistiefel

la boîte de couleurs
Malkasten

la bouche
Mund

le bol
Schüssel

la boucle d'oreille
Ohrring

les bonbons
Bonbons

la bouée
Schwimmring

11

a **b** c d e f g h i j k l m n o p q r s t u v w x y z

la bougie
Kerze

le bracelet
Armband

la bouilloire
Kessel

la branche
Zweig

la bouillotte
Wärmflasche

le bras
Arm

**le boulanger/
la boulangère**
Bäcker/in

les brassards
Schwimmflügel

la bouteille
Flasche

la brosse à cheveux
Haarbürste

la boutique
Geschäft

la brosse à dents
Zahnbürste

le bouton
Knopf

la brouette
Schubkarre

a **b** c d e f g h i j k l m n o p q r s t u v w x y z

le bruit
Lärm

le bureau
Schreibtisch

le buisson
Busch

le bureau de poste
Postamt

le bulldozer
Planierraupe

le bus
Bus

les bulles de savon
Seifenblasen

le but
Tor

a b **c** d e f g h i j k l m n o p q r s t u v w x y z

C c

la cabine téléphonique
Telefonzelle

la cage
Käfig

les cacahuètes
Erdnüsse

le cahier d'exercices
Übungsheft

le cadeau
Geschenk

la caille
Wachtel

le cadenas
(Vorhänge-)Schloss

la calculatrice
Taschenrechner

le café
Kaffee

le camion
Lastwagen

14

le camion de pompiers
Feuerwehrauto

le camion-benne
Kipplader

la camionnette
Lieferwagen

le canapé
Sofa

le canard
Ente

le canari
Kanarienvogel

la canette
Dose

le caniche
Pudel

la canne à pêche
Angel

la capuche
Kapuze

la caravane
Wohnwagen

la carotte
Karotte

le cartable
Schulranzen

la carte
Landkarte

15

a b **c** d e f g h i j k l m n o p q r s t u v w x y z

la carte postale
Postkarte

le cassis
Schwarze Johannisbeeren

les cartes à jouer
Spielkarten

la ceinture
Gürtel

la cascade
Wasserfall

la ceinture de sécurité
Sicherheitsgurt

le casque
Sturzhelm

le cerceau
Reifen

la casquette
Mütze

le cerf-volant
Drachen

le casse-noisettes
Nussknacker

les cerises
Kirschen

la casserole
Kochtopf

la chaîne stéréo
Stereoanlage

a b **c** d e f g h i j k l m n o p q r s t u v w x y z

la chaise
Stuhl

le charriot
Einkaufswagen

le chameau
Kamel

la charrue
Pflug

le champ
Feld

le chasseur / la chasseresse
Jäger/in

le champignon
Pilz

le chat
Katze

la chanson
Lied

le château de sable
Sandburg

le chanteur / la chanteuse
Sänger/in

le château fort
Burg

le chapeau
Hut

le chaton
Kätzchen

a b c d e f g h i j k l m n o p q r s t u v w x y z

les chaussettes
Socken

le chêne
Eiche

les chaussures
Schuhe

la chenille
Raupe

les chaussures de sport
Turnschuhe

le cheval
Pferd

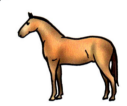

la chauve-souris
Fledermaus

le chevalier
Ritter

le chemin
Weg

les cheveux
Haare (Kopf)

la chemise
Hemd

la chèvre
Ziege

la chemise de nuit
Nachthemd

le chevreuil
Reh

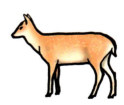

a **c** d e f g h i j k l m n o p q r s t u v w x y z

le chien
Hund

la chouette
Eule

le chiffre
Nummer

le ciel
Himmel

le chimpanzé
Schimpanse

la cigogne
Storch

le chiot
junger Hund

le cinéma
Kino

les chips
Kartoffelchips

la circulation
Verkehr

le chocolat
Schokolade

le cirque
Zirkus

le chou
Kohl(kopf)

les ciseaux
Schere

19

a b **c** d e f g h i j k l m n o p q r s t u v w x y z

le citron
Zitrone

la clôture
Zaun

la citrouille
Kürbis

le clou
Nagel

le clapier
Kaninchenstall

la coccinelle
Marienkäfer

le clavier
Tastatur

le cochon
Schwein

la clé
Schlüssel

le cochon d'Inde
Meerschweinchen

la clé
Schraubenschlüssel

le coffre
Kofferraum

la cloche
Glocke

le coiffeur / la coiffeuse
Friseur/in

20

a b **c** d e f g h i j k l m n o p q r s t u v w x y z

le colis
Paket

les collants
Strumpfhose

le collier
Halskette

la colline
Hügel

la combinaison de ski
Skianzug

le concombre
Gurke

le conducteur / la conductrice
Fahrer/in

le conducteur / la conductrice de train
Lokomotivführer/in

la confiture
Marmelade

la console de jeux vidéos
Spielkonsole

le conte de fées
Märchen

le coq
Hahn

le coquetier
Eierbecher

le coquillage
Muschel

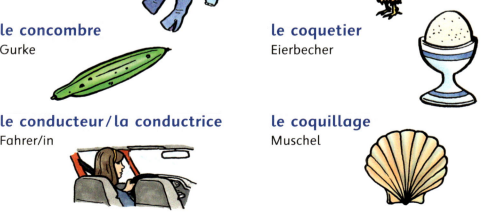

la coquille d'œuf
Eierschale

le cou
Nacken

le corbeau
Rabe

la couche
Windel

la corbeille à papier
Papierkorb

le coude
Ellenbogen

la corde
Seil

la cour de récréation
Schulhof

la corde à sauter
Springseil

le coureur / la coureuse
Läufer/in

le cornet de glace
Eiswaffel

la couronne
Krone

le costume
Anzug

le cours
Unterrichtsstunde

a b **c** d e f g h i j k l m n o p q r s t u v w x y z

la course
Wettlauf

la craie
Kreide

le court de tennis
Tennisplatz

la cravate
Krawatte

le coussin
Kissen

le crayon
Bleistift
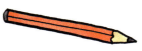

le couteau
Messer

la crème
Sahne

le couvercle
Deckel

la crêpe
Crêpe

la couverture
Decke

le crocodile
Krokodil

le crabe
Krebs

le croissant
Croissant

a b **c** d e f g h i j k l m n o p q r s t u v w x y z

la crosse de hockey
Eishockeyschläger

le cygne
Schwan

la cuillère
Löffel

24

a b c **d** e f g h i j k l m n o p q r s t u v w x y z

D d

**le danseur /
la danseuse**
Tänzer/in

le dauphin
Delfin

le dé
Würfel

le dentifrice
Zahnpasta

les dents
Zähne

le désordre
Unordnung

le dessert
Nachtisch

le dessin
Zeichnung

le/la détective
Detektiv/in

la devinette
Rätsel

25

a b c **d** e f g h i j k l m n o p q r s t u v w x y z

les devoirs
Hausaufgaben

le dos
Rücken

le dictionnaire
Wörterbuch

la douche
Dusche

le dinosaure
Dinosaurier

le dragon
Drache

la dispute
Streit

la draisienne
Laufrad

le doigt
Finger

le drapeau
Fahne

26

a b c d **e** f g h i j k l m n o p q r s t u v w x y z

E e

l'eau
Wasser

l'eau minérale
Mineralwasser

l'écharpe
Schal

l'échelle
Leiter

l'écho
Echo

l'école
Schule

l'école d'équitation
Reitschule

l'école maternelle
Kindergarten

l'écran
Leinwand

l'écran
Bildschirm

27

a b c d **e** f g h i j k l m n o p q r s t u v w x y z

l'écran plat
Flachbildschirm

les élèves
Schüler

l'écureuil
Eichhörnchen

l'elfe
Elf/Elfe

l'écurie
Stall

l'emploi du temps
Stundenplan

l'église
Kirche

l'enfant
Kind

l'élan
Elch

l'enveloppe
Briefumschlag

l'élastique
Gummiband

l'épaule
Schulter

l'éléphant
Elefant

l'épée
Schwert

a b c d **e** f g h i j k l m n o p q r s t u v w x y z

l'épingle de nourrice
Sicherheitsnadel

l'esquimau
Eis am Stiel

l'éponge
Schwamm

l'essuie-glace
Scheibenwischer

l'épouvantail
Vogelscheuche

l'étang
Teich

l'escabeau
Trittleiter

l'étoile de mer
Seestern

l'escalier roulant
Rolltreppe

l'évier
Spüle

l'escargot
Schnecke

l'expérience
Experiment

29

a b c d e **f** g h i j k l m n o p q r s t u v w x y z

F f

le facteur / la factrice
Postbote/Postbotin

le fantôme
Gespenst

le faon
Rehkitz

le fauteuil
Sessel

la fée
Fee

la femme
Frau

la ferme
Bauernhof

la fermeture éclair
Reißverschluss

le fermier / la fermière
Bauer/Bäuerin

le ferry
Fähre

a b c d e **f** g h i j k l m n o p q r s t u v w x y z

le feu
Feuer

la fille
Mädchen

le feu d'artifice
Feuerwerk

le film
Film

les feuilles
Blätter

la fin
Ende

le feutre
Filzstift

la flaque
Pfütze

les feux de circulation
Ampel

la flèche
Pfeil

la ficelle
Bindfaden

la fleur
Blume

le filet
Netz

la flûte à bec
Blockflöte

31

a b c d e **f** g h i j k l m n o p q r s t u v w x y z

le foin
Heu

les fraises
Erdbeeren

la fontaine
Springbrunnen

les framboises
Himbeeren

la forêt
Wald

les friandises
Süßigkeiten

le four
Backofen

les frites
Pommes frites

la fourchette
Gabel

le fromage
Käse

la fourmi
Ameise

le fruit
Obst

la fourrure
Fell

la fumée
Rauch

a b c d e f **g** h i j k l m n o p q r s t u v w x y z

G g

les gants
Fingerhandschuhe

la gare
Bahnhof

le garage
Garage

le gâteau
Kuchen

le garçon
Junge

la gaufre
Waffel

le gardien de but
Torwart

le géant
Riese

le gardien/la gardienne d'animaux
Tierwärter/in

le genou
Knie

33

a b c d e f **g** h i j k l m n o p q r s t u v w x y z

les gens
Leute

le gorille
Gorilla

la girafe
Giraffe

le grand magasin
Kaufhaus

la glace
Eis

la grange
Scheune

la glace
Eiscreme

le gratte-ciel
Wolkenkratzer

le gland
Eichel

la grenouille
Frosch

la gomme
Radiergummi

les groseilles rouges
Rote Johannisbeeren

la gorge
Hals

la grue
Kran

a b c d e f **g** h i j k l m n o p q r s t u v w x y z

la guêpe
Wespe

le/la guide
Pfadfinder/in

le guidon
Fahrradlenker

la guitare
Gitarre

a b c d e f g *h* i j k l m n o p q r s t u v w x y z

H h

la hache
Axt

la haie
Hecke

le hamster
Hamster

les haricots
Bohnen

l'hélicoptère
Hubschrauber

l'herbe
Gras

l'hérisson
Igel

l'hippopotame
Nilpferd

l'hirondelle
Schwalbe

le homard
Hummer

36

a b c d e f g **h i** j k l m n o p q r s t u v w x y z

I i

l'homme
Mann

l'hôpital
Krankenhaus

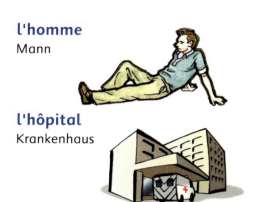

l'île
Insel

l'imperméable
Regenmantel

l'infirmier/infirmière
Krankenschwester/
Krankenpfleger

les informations
Nachrichten

les insectes
Insekten

a b c d e f g h i **j** k l m n o p q r s t u v w x y z

Jj

la jambe
Bein

le jambon
Schinken

le jardin
Garten

le jeu
Spiel

le jeu de cartes
Kartenspiel

le jeu de société
Brettspiel

la jonquille
Osterglocke

les jouets
Spielzeug

les joueurs
Spieler

le journal
Zeitung

a b c d e f g h i **j k** l m n o p q r s t u v w x y z

Kk

les jumeaux/jumelles
Zwillinge

les jumelles
Fernglas

la jungle
Dschungel

le kangourou
Känguru

la jupe
Rock

le ketchup
Ketchup

le jus
Saft

le koala
Koalabär

le jus d'orange
Orangensaft

39

a b c d e f g h i j k **l** m n o p q r s t u v w x y z

L l

le labyrinthe
Labyrinth

le lac
See

le lacet
Schnürsenkel

la laine
Wolle

la laisse
Hundeleine

le lait
Milch

la laitue
Kopfsalat

la lampe
Lampe

la lampe-torche
Taschenlampe

le landau
Kinderwagen

a b c d e f g h i j k **l** m n o p q r s t u v w x y z

la langue
Zunge

le lecteur MP3
MP3-Player

le lapin
Kaninchen

les légumes
Gemüse

le lard
Speck

le léopard
Leopard

le lasso
Lasso

la lettre
Brief

le lavabo
Waschbecken

les lettres
Buchstaben

le lave-linge
Waschmaschine

les lèvres
Lippen

le lecteur de DVD
DVD-Player

le lézard
Eidechse

41

a b c d e f g h i j k **l** m n o p q r s t u v w x y z

la licorne
Einhorn

le livre de contes
Geschichtenbuch

le lièvre
Hase

le livre d'images
Bilderbuch

la ligne
Strich

la locomotive
Lokomotive

la limonade
Limonade

le loup
Wolf

le lion
Löwe

la luge
Rodelschlitten

le lit
Bett

la lumière
Licht

le livre
Buch

la lune
Mond

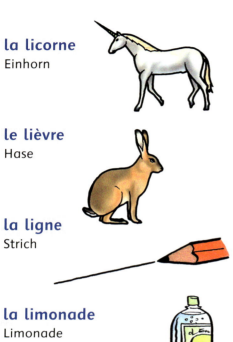
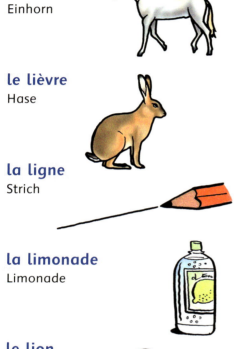
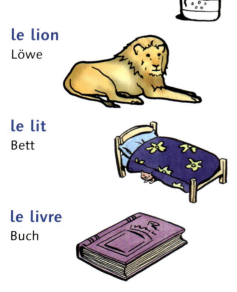

42

a b c d e f g h i j k **l** m n o p q r s t u v w x y z

les lunettes
Brille

le lutin
Kobold

les lunettes de soleil
Sonnenbrille

a b c d e f g h i j k l **m** n o p q r s t u v w x y z

M m

la machine
Maschine

la machine à coudre
Nähmaschine

le magazine
Zeitschrift

le magicien
Zauberer

le maillot de bain
Badeanzug

le maillot de bain
Badehose

le maillot de corps
Unterhemd

la main
Hand

la maison de poupée
Puppenhaus

le mal de gorge
Halsschmerzen

44

a b c d e f g h i j k l **m** n o p q r s t u v w x y z

la mandarine
Mandarine

le marteau
Hammer

le manège
Karussell

le masque
Maske

le manteau
Mantel

le massif de fleurs
Blumenbeet

la marche
Stufe

le match de football
Fußballspiel

le marché
Markt

le matelas pneumatique
Luftmatratze

la margarine
Margarine

le matelot
Matrose

la marionnette
Marionette

le/la médecin
Arzt/Ärztin

45

a b c d e f g h i j k l **m** n o p q r s t u v w x y z

le médicament
Medizin

le mini-PC portable
Netbook

le melon
Melone

le miroir
Spiegel

le menton
Kinn

la mite
Motte

la mer
Meer

le mobile
Mobile

le merle
Amsel

le moineau
Spatz

le métro
U-Bahn

le monde
Welt

le miel
Honig

le monocycle
Einrad

46

a b c d e f g h i j k l **m** n o p q r s t u v w x y z

le monstre
Ungeheuer

la motocyclette
Motorrad

la montagne
Berg

les mots
Wörter

la montagne russe
Achterbahn

la mouche
Fliege

la montgolfière
Heißluftballon

le mouchoir
Taschentuch

la montre
Armbanduhr

les mouchoirs en papier
Papiertaschentücher

le morceau
Stück

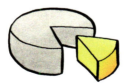

la mouette
Möwe

le moteur
Motor

les moufles
Fausthandschuhe

47

a b c d e f g h i j k l **m** n o p q r s t u v w x y z

le moustique
Mücke

la mûre
Brombeere

le mouton
Schaf

le musicien/ la musicienne
Musiker/in

le mur
Mauer

la musique
Musik

48

a b c d e f g h i j k l m **n** o p q r s t u v w x y z

N n

la nature
Natur

le nid
Nest

le navire
Schiff

le nœud
Knoten

le nénuphar
Seerose

les noisettes
Haselnüsse

le nez
Nase

les noix
Nüsse

la niche
Hundehütte

la noix de coco
Kokosnuss

49

la noix de Grenoble
Walnuss

les nouilles
Nudeln

le nom
Name

la nourriture
Essen

le nom de famille
Familienname

le numéro de téléphone
Telefonnummer

la note
Note

50

a b c d e f g h i j k l m n **o** p q r s t u v w x y z

O o

l'océan
Ozean

l'oignon
Zwiebel

l'œil
Auge

les oiseaux
Vögel

l'œuf
Ei

l'ongle
Fingernagel

l'œuf au plat
Spiegelei

l'orange
Apfelsine

l'oie
Gans

l'orchestre
Orchester

51

a b c d e f g h i j k l m n **o** p q r s t u v w x y z

l'ordinateur
Computer

l'otarie
Seelöwe

les ordures
Abfall

l'ours
Bär

l'oreille
Ohr

l'ours en peluche
Teddybär

l'oreiller
Kopfkissen

l'ours polaire
Eisbär

les orteils
Zehen

les outils
Werkzeuge

l'os
Knochen

52

a b c d e f g h i j k l m n o **p** q r s t u v w x y z

P p

la page
Seite

le pamplemousse
Pampelmuse

la paille
Stroh

le panda
Pandabär

la paille
Strohhalm

le panier
Korb

le pain
Brot

le panneau
Schild

le palais
Palast

le panneau de circulation
Verkehrsschild

le pansement
Pflaster

le pantalon
Hose

la panthère
Panther

le pantin
Hampelmann

les pantoufles
Hausschuhe

le paon
Pfau

le papier
Papier

le papier peint
Tapete

le papillon
Schmetterling

la pâquerette
Gänseblümchen

le parachute
Fallschirm

le parapluie
Regenschirm

le parc
Park

le passage piéton
Zebrastreifen

54

a b c d e f g h i j k l m n o **p** q r s t u v w x y z

les pastels
Wachsmalstifte

les pâtes
Nudeln

la patinoire
Eisbahn

les patins à glace
Schlittschuhe

les patins à roulettes
Rollschuhe

les patins en ligne
Inlineskates

la patte
Pfote

la pêche
Pfirsich

le pêcheur
Fischer

le pêcheur / la pêcheuse
Angler/in

le peigne
Kamm

la peinture
Farbe

le pélican
Pelikan

la pelle
Schaufel

55

la pelleteuse
Bagger

la pelouse
Rasen

le perce-neige
Schneeglöckchen

la perceuse
Bohrmaschine

le perroquet
Papagei

la perruche
Wellensittich

le petit pain
Brötchen

les petits pois
Erbsen

le phare
Leuchtturm

le phoque
Seehund

la photo
Foto

le piano
Klavier

le pic-vert
Specht

la pièce
Zimmer

a b c d e f g h i j k l m n o **p** q r s t u v w x y z

le pied
Fuß
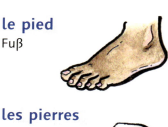

le pingouin
Pinguin

les pierres
Steine

le pique-nique
Picknick

le pigeon
Taube

le/la pirate
Pirat/in

la pile
Batterie

la piscine
Schwimmbad

le/la pilote
Pilot/in

le pissenlit
Löwenzahn

la pince
Zange

le placard
Schrank

le pinceau
Pinsel

la plage
Strand

57

a b c d e f g h i j k l m n o p q r s t u v w x y z

la planche
Brett

la poire
Birne

la planche de surf
Surfbrett

le poisson
Fisch

la plume
Feder

le poisson rouge
Goldfisch

le pneu
Reifen

la police
Polizei

la poche
Tasche

la policière
Polizistin

la poêle
Bratpfanne

la pomme
Apfel

le point d'interrogation
Fragezeichen

la pomme de pin
Tannenzapfen

58

a b c d e f g h i j k l m n o **p** q r s t u v w x y z

la pomme de terre
Kartoffel

la pompe
Luftpumpe

le pompier / la pompière
Feuerwehrmann/
Feuerwehrfrau

le poney
Pony

le pont
Brücke

le porcelet
Ferkel

le port
Hafen

le portail
Pforte

la porte
Tür

le porte-monnaie
Portmonee

le pot de fleurs
Blumentopf

la poubelle
Abfalleimer

le pouce
Daumen

le poulailler
Hühnerstall

59

a b c d e f g h i j k l m n o **p** q r s t u v w x y z

le poulain Fohlen	**la princesse** Prinzessin
la poule Henne	**le prix** Preis
le poulet Huhn	**le professeur / la professeure** Lehrer/in
la poupée Puppe	**la prune** Pflaume
le pré Wiese	**le pull-over** Pullover
le prestidigitateur Zauberkünstler	**le puzzle** Puzzle
le prince Prinz	**le pyjama** Schlafanzug

a b c d e f g h i j k l m n o p **q** r s t u v w x y z

Q q

le quart
Viertel

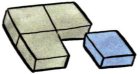

la question
Frage

la queue
Warteschlange

la queue
Schwanz

le quiz
Quiz

61

a b c d e f g h i j k l m n o p q r s t u v w x y z

R r

le radeau
Floß

la radio
Radio

la radiographie
Röntgenbild

le radis
Radieschen

la rage de dents
Zahnschmerzen

les raisins
Weintrauben

la raquette de ping-pong
Tischtennisschläger

la raquette de tennis
Tennisschläger

le rat
Ratte

le râteau
Harke

62

a b c d e f g h i j k l m n o p q **r** s t u v w x y z

le réflecteur
Reflektor

le renne
Rentier

le réfrigérateur
Kühlschrank

le/la reporter
Reporter/in

la règle
Lineal

le requin
Hai

la reine
Königin

le restaurant
Restaurant

la remise
Schuppen

le rhinocéros
Nashorn

la remorque
Anhänger

le rideau
Gardine

le renard
Fuchs

la rime
Reim

la rivière
Fluss

la rose
Rose

le riz
Reis

la roue
Rad

la robe
Kleid

le rouge-gorge
Rotkehlchen

la robe de chambre
Morgenmantel

la route
Landstraße

le robot
Roboter

le ruban
Haarschleife

le rocher
Felsen

la rue
Straße

le roi
König

le ruisseau
Bach

64

a b c d e f g h i j k l m n o p q r **s** t u v w x y z

S s

le sable
Sand

le sac
Tasche

le sac
Sack

le sac à dos
Rucksack

la salade
Salat

la salle de classe
Klassenzimmer

la salopette
Latzhose

les sandales
Sandalen

le sapin
Tanne

les saucisses
Würstchen

65

le saute-mouton
Bockspringen

la sauterelle
Grashüpfer

le savon
Seife

le scarabée
Käfer

la scie
Säge

le scout
Pfadfinder

le seau
Eimer

le sèche-cheveux
Fön

le sel
Salz

la selle
Sattel

le serpent
Schlange

le serre-tête
Haarreifen

la serrure
Schlüsselloch

la serviette de bain
Handtuch

a b c d e f g h i j k l m n o p q r **s** t u v w x y z

la serviette de table
Serviette

la sieste
Nickerchen

le sifflet
Trillerpfeife

le singe
Affe

les skis
Skier

le slip
Unterhose

la sorcière
Hexe

la soucoupe
Untertasse

la soucoupe volante
fliegende Untertasse

la soupe
Suppe

le sourcil
Augenbraue

la souris
Maus

le sous-marin
U-Boot

le sport
Sport

67

le stade
Stadion

la sucette
Lutscher

le stalactite
Eiszapfen

le sucre
Zucker

le stylo
Kugelschreiber

le surnom
Spitzname

le stylo à plume
Füller

le survêtement
Trainingsanzug

a b c d e f g h i j k l m n o p q r s **t** u v w x y z

Tt

la table
Tisch

la table de nuit
Nachttisch

le tableau
Bild

le tableau (noir)
(Wand-)Tafel

le tabouret
Hocker

le taille-crayon
Bleistiftspitzer

le tambour
Trommel

le tambourin
Tamburin

le tapis
Teppich

le tapis de souris
Mousepad

69

la tartine
Toast

la tente
Zelt

la tasse
Tasse

la terre
Erde

la taupe
Maulwurf

le têtard
Kaulquappe

le taureau
Stier

la tête
Kopf

la télécommande
Fernbedienung

le thé
Tee

le téléphone
Telefon

le théâtre
Theater

la télévision
Fernseher

la théière
Teekanne

a b c d e f g h i j k l m n o p q r s **t** u v w x y z

le thermomètre
Fieberthermometer

le tigre
Tiger

le timbre
Briefmarke

la tirelire
Sparschwein

le toboggan
Rutsche

les toilettes
Toilette

la tomate
Tomate

la tondeuse à gazon
Rasenmäher

la tortue
Schildkröte

la tortue marine
Wasserschildkröte

la tour
Turm

le tournesol
Sonnenblume

le tournevis
Schraubenzieher

le tracteur
Trecker

71

le train
Zug

le tricot
Strickzeug

le train électrique
Modelleisenbahn

le tricycle
Dreirad

le transat(lantique)
Liegestuhl

la trompette
Trompete

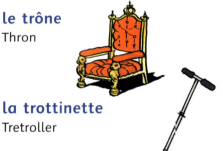

le travail
Arbeit

le trône
Thron

le traversier
Fähre

la trottinette
Tretroller

le trésor
Schatz

le trottoir
Bürgersteig

le triangle
Triangel

le trou
Loch

a b c d e f g h i j k l m n o p q r s **t u** v w x y z

U u

la trousse
Federmäppchen

le tuba
Schnorchel

la tulipe
Tulpe

le tunnel
Tunnel

l'uniforme
Uniform

l'usine
Fabrik

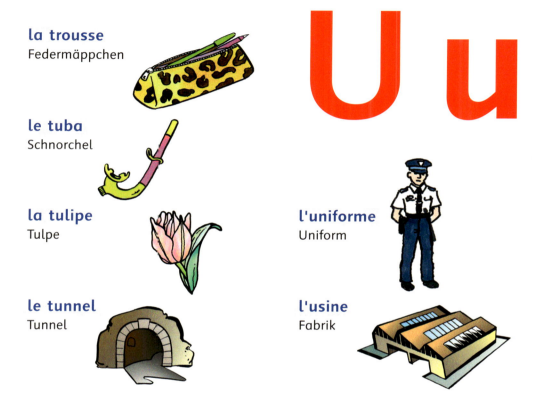

73

a b c d e f g h i j k l m n o p q r s t u **v** w x y z

Vv

la vache
Kuh

la vallée
Tal

la vague
Welle

le vase
Vase

le vainqueur
Gewinner

le veau
Kalb

le vaisseau spatial
Raumschiff

le vélo
Fahrrad

la valise
Koffer

le vendeur / la vendeuse
Verkäufer/in

74

a b c d e f g h i j k l m n o p q r s t u **v** w x y z

le ventre
Bauch

la ville
Stadt

le ver
Wurm

le violon
Geige

le verre
Glas

la vis
Schraube

la veste
Jacke

le visage
Gesicht

les vêtements
Kleidung

la voie ferrée
Eisenbahnschiene

la viande
Fleisch

la voile
Segel

le village
Dorf

le voile
Schleier

75

a b c d e f g h i j k l m n o p q r s t u **v** w x y z

le voilier
Segelboot

la voiture de sport
Sportwagen

le voisin / la voisine
Nachbar/in

le volant
Federball

la voiture
Auto

le volant
Lenkrad

la voiture de course
Rennwagen

le volcan
Vulkan

la voiture de police
Polizeiwagen

le voleur / la voleuse
Dieb/in

la voiture de poupée
Puppenwagen

a b c d e f g h i j k l m n o p q r s t u v w x **y z**

Yy Zz

le yaourt
Joghurt

le zèbre
Zebra

les yeux
Augen (Plural)

le zoo
Zoo

Les couleurs
Farben

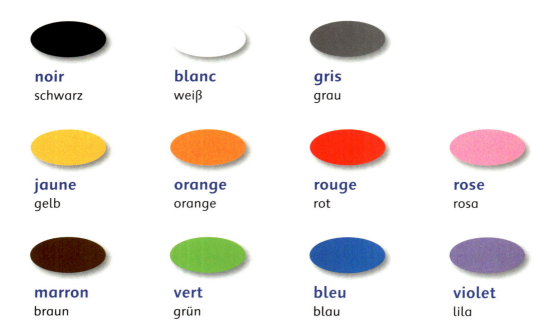

noir
schwarz

blanc
weiß

gris
grau

jaune
gelb

orange
orange

rouge
rot

rose
rosa

marron
braun

vert
grün

bleu
blau

violet
lila

Les nombres
Zahlen

0 zéro

1 un
2 deux
3 trois
4 quatre
5 cinq

6 six
7 sept
8 huit
9 neuf
10 dix

11 onze
12 douze
13 treize
14 quatorze
15 quinze

16 seize
17 dix-sept
18 dix-huit
19 dix-neuf
20 vingt

Les formes
Formen

le carré
Quadrat

le rectangle
Rechteck

le triangle
Dreieck

le cercle
Kreis

la croix
Kreuz

le cœur
Herz

la pyramide
Pyramide

10 − 3 = 7 dix moins trois égale sept

4 + 8 = 12 quatre plus huit égale douze

Ma famille
Meine Familie

Notre maison
Unser Haus

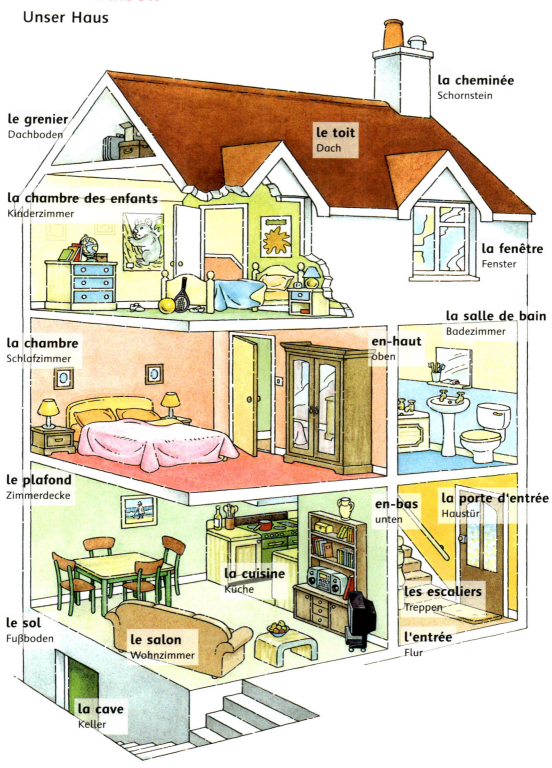

Petit et grand
Klein und groß

grand groß
petit klein

propre sauber
sale schmutzig

sec trocken
mouillé nass

haut hoch
profond tief

(à) gauche links
(à) droite rechts

long lang
court kurz

sucré süß
acide sauer

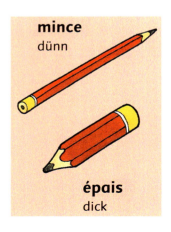
mince dünn
épais dick

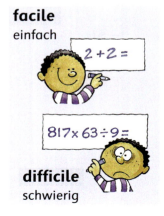
facile einfach
difficile schwierig

rapide
schnell

lent
langsam

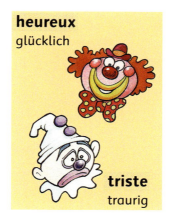

heureux
glücklich

triste
traurig

dur
hart

doux
weich

fort
laut

silencieux
leise

neuf
neu

vieux
alt

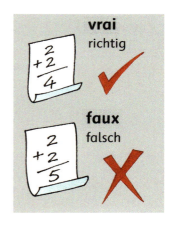

vrai
richtig

faux
falsch

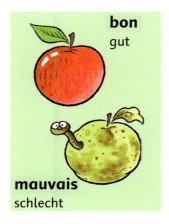

bon
gut

mauvais
schlecht

rangé
ordentlich

en désordre
unordentlich

plein
voll

vide
leer

Ce que tu peux faire 2
Was du tun kannst 2

Quelle heure est-il?
Wie spät ist es?

l'horloge
Uhr

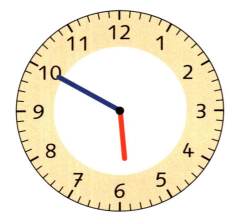

la grande aiguille
großer Zeiger

la petite aiguille
kleiner Zeiger

une heure = 60 minutes eine Stunde = 60 Minuten	**une demi-heure = 30 minutes** eine halbe Stunde = 30 Minuten
un quart d'heure = 15 minutes eine Viertelstunde = 15 Minuten	**une minute = 60 secondes** eine Minute = 60 Sekunden

quatre heures

vier Uhr

quatre heures et demie

halb fünf

quatre heures moins cinq

fünf vor vier

quatre heures dix

zehn nach vier

quatre heures moins le quart

Viertel vor vier

quatre heures et quart

Viertel nach vier

90

Le jour et la nuit
Tag und Nacht

Une année a douze mois
Ein Jahr hat zwölf Monate

Les mois
die Monate

janvier
Januar

février
Februar

mars
März

avril
April

mai
Mai

juin
Juni

juillet
Juli

août
August

septembre
September

octobre
Oktober

novembre
November

décembre
Dezember

Le calendrier
Kalender

janvier

lundi Montag	1	8	15	22	29
mardi Dienstag	2	9	16	23	30
mercredi Mittwoch	3	10	17	24	31
jeudi Donnerstag	4	11	18	25	
vendredi Freitag	5	12	19	26	
samedi Samstag	6	13	20	27	
dimanche Sonntag	7	14	21	28	

Les jours de la semaine
die Wochentage

lundi
Montag

hier
gestern

mardi
Dienstag

aujourd'hui
heute

mercredi
Mittwoch

demain
morgen

jeudi
Donnerstag

vendredi
Freitag

samedi
Samstag

le week-end
Wochenende

dimanche
Sonntag

Le temps
Das Wetter

Les quatre saisons
Die vier Jahreszeiten

le printemps
Frühling

l'été
Sommer

les vacances d'été
Sommerferien

Pâques
Ostern

l'œuf de Pâques
Osterei

Joyeuses Pâques!
Frohe Ostern!

Noël
Weihnachten

Joyeux Noël!
Frohe Weihnachten!

le Père Noël
Weihnachtsmann

le sapin de Noël
Weihnachtsbaum

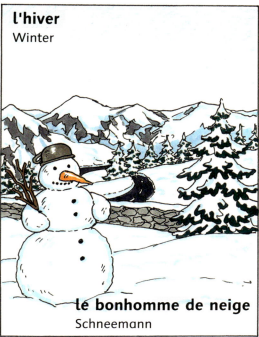
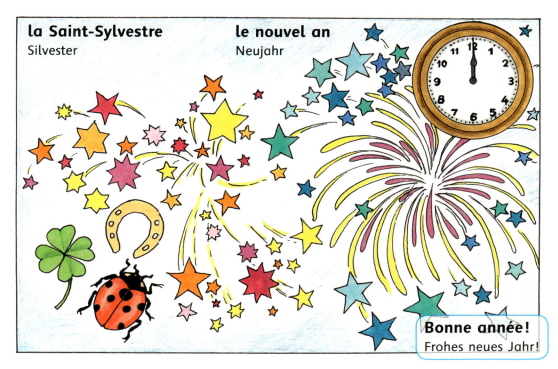

la Toussaint
Allerheiligen

la fleur
Blume

la Fête Nationale
Nationalfeiertag

l'Arc de Triomphe
Arc de Triomphe

le 14 Juillet
der 14. Juli
(Französischer
Nationalfeiertag)

la parade militaire
Militärparade (Umzug zum 14. Juli)

Deutsch-französisches Wörterverzeichnis

A B C D E F G H I J K L M N O P Q R S T U V W X Y Z

A

Abend le soir 91
Abendbrot(zeit) le dîner 91
Abfall les ordures
Abfalleimer la poubelle
acht huit 78
Achterbahn la montagne russe
achtzehn dix-huit 78
Adler l'aigle
Adresse l'adresse
Affe le singe
Akrobaten les acrobates
Album l'album
Allerheiligen la Toussaint 96
Alligator l'alligator
alt vieux 83
Ameise la fourmi
Ampel les feux de circulation
Amsel le merle
Ananas l'ananas
Angel la canne à pêche
Angler/in
      le pêcheur/la pêcheuse
Anhänger la remorque
Anker l'ancre
Anorak l'anorak
anziehen mettre 87
Anzug le costume
Apfel la pomme
Apfelsine l'orange
April avril 92
Aquarium l'aquarium
Arbeit le travail
Arc de Triomphe
      l'Arc de Triomphe 96
Arm le bras
Armband le bracelet
Armbanduhr la montre
Arzt/Ärztin le/la médecin
Astronaut/in l'astronaute
Atlas l'atlas
auf sur 95
Auf Wiedersehen au revoir
aufmachen ouvrir 86

aufstehen se lever 89
aufwachen se réveiller 88
Auge l'œil
Augen (Plural) les yeux
Augenbraue le sourcil
August août 92
ausziehen enlever 87
Auto la voiture
Axt la hache

B

Baby le bébé
Bach le ruisseau
Bäcker/in
      le boulanger/la boulangère
Backofen le four
Badeanzug le maillot de bain
Badehose le maillot de bain
Badekappe le bonnet de bain
Badewanne la baignoire
Badezimmer la salle de
      bain 81
Bagger la pelleteuse
Baguettebrot la baguette
Bahnhof la gare
Ball le ballon
Banane la banane
Bär l'ours
Batterie la pile
Bauch le ventre
bauen construire 87
Bauer/Bäuerin
      le fermier/la fermière
Bauernhof la ferme
Baum l'arbre
Bein la jambe
Berg la montagne
Besen le balais
Bett le lit
Biene l'abeille
Bild le tableau
Bilderbuch le livre d'images
Bildschirm l'écran
Bindfaden la ficelle

Birne la poire
Blätter les feuilles
blau bleu 78
Bleistift le crayon
Bleistiftspitzer le taille-crayon
Blitz l'éclair 93
Blockflöte la flûte à bec
Blume la fleur
Blumenbeet le massif de fleurs
Blumentopf le pot de fleurs
Bockspringen le saute-mouton
Bogen l'arc
Bohnen les haricots
Bohrmaschine la perceuse
Bonbons les bonbons
Boot le bateau
Bratpfanne la poêle
braun marron 78
Brett la planche
Brettspiel le jeu de société
Brief la lettre
Briefkasten la boîte aux lettres
Briefmarke le timbre
Briefumschlag l'enveloppe
Brille les lunettes
bringen apporter 87
Brombeere la mûre
Brot le pain
Brötchen le petit pain
Brücke le pont
Bruder le frère 80
Buch le livre
Bücherei la bibliothèque
Bücherregal la bibliothèque
Buchstaben les lettres
Burg le château fort
Bürgersteig le trottoir
Bus le bus
Busch le buisson
Bushaltestelle l'arrêt de bus
Butter le beurre

97

A B **C** **D** **E** **F** G H I J K L M N O P Q R S T U V W X Y Z

C

Computer l'ordinateur
Crêpe la crêpe
Croissant le croissant

D

Dach le toit 81
Dachboden le grenier 81
Daumen le pouce
Decke la couverture
Deckel le couvercle
Delfin le dauphin
der 14. Juli le 14 Juillet 96
Detektiv/in le/la détective
Dezember décembre 92
dick épais 82
Dieb/in le voleur/la voleuse
Dienstag mardi 92
Digitalkamera l'appareil photo
    numérique
Dinosaurier le dinosaure
Donnerstag jeudi 92
Doppeldeckerbus l'autobus à
    impériale
Dorf le village
Dose la boîte de conserve
Dose la canette
Drache le dragon
Drachen le cerf-volant
drei trois 78
Dreieck le triangle 79
Dreirad le tricycle
dreizehn treize 78
dritter troisième 85
Dschungel la jungle
dunkel sombre 91
dünn mince 82
durch à travers 85
Dusche la douche
DVD-Player le lecteur de DVD

E

Echo l'écho
Ei l'œuf
Eiche le chêne
Eichel le gland
Eichhörnchen l'écureuil
Eidechse le lézard
Eierbecher le coquetier
Eierschale la coquille d'œuf
Eimer le seau
eine halbe Stunde
    une demi-heure 90
eine Minute une minute 90
eine Stunde une heure 90
eine Viertelstunde
    un quart d'heure 90
einfach facile 82
Einhorn la licorne
Einkaufswagen le charriot
Einrad le monocycle
eins un 78
Eis la glace
Eis am Stiel l'esquimau
Eisbahn la patinoire
Eisbär l'ours polaire
Eiscreme la glace
Eisenbahnschiene la voie ferrée
Eishockeyschläger
    la crosse de hockey
Eiswaffel le cornet de glace
Eiszapfen le stalactite
Elch l'élan
Elefant l'éléphant
elf onze 78
Elf/Elfe l'elfe
Ellenbogen le coude
Eltern les parents 80
Ende la fin
Engel l'ange
Ente le canard
Erbsen les petits pois
Erdbeeren les fraises
Erde la terre
Erdnüsse les cacahuètes

erster premier 85
Erwachsene les adultes
Esel l'âne
Essen la nourriture
essen manger 87
Eule la chouette
Experiment l'expérience

F

Fabrik l'usine
Fahne le drapeau
Fähre le ferry
Fähre le traversier
fahren conduire 87
Fahrer/in
    le conducteur/la conductrice
Fahrkarte le billet
Fahrrad la bicyclette
Fahrrad le vélo
Fahrradlenker le guidon
Fahrstuhl l'ascenseur
Fallschirm le parachute
falsch faux 83
Familie famille 80
Familienname
    le nom de famille
fangen attraper 89
Farbe la peinture
Farben les couleurs 78
Fausthandschuhe les moufles
Februar février 92
Feder la plume
Federball le volant
Federmäppchen la trousse
Fee la fée
Feld le champ
Fell la fourrure
Felsen le rocher
Fenster la fenêtre 81
Ferkel le porcelet
Fernbedienung
    la télécommande
Fernglas les jumelles
Fernseher la télévision

98

A B C D E **F G H** I J K L M N O P Q R S T U V W X Y Z

Feuer le feu
Feuerwehrauto le camion ce pompiers
Feuerwehrmann/Feuerwehrfrau le pompier/la pompière
Feuerwerk le feu d'artifice
Fieberthermometer le thermomètre
Film le film
Filzstift le feutre
Finger le doigt
Fingerhandschuhe les gants
Fingernagel l'ongle
Fisch le poisson
Fischer le pêcheur
Fischstäbchen le bâtonnet de poisson
Flachbildschirm l'écran plat
Flasche la bouteille
Fledermaus la chauve-souris
Fleisch la viande
Fliege la mouche
fliegende Untertasse la soucoupe volante
Floß le radeau
Flügel l'aile
Flughafen l'aéroport
Flugzeug l'avion
Flur l'entrée 81
Fluss la rivière
flüstern chuchoter 88
Fohlen le poulain
Fön le sèche-cheveux
Formen les formes 79
Foto la photo
Fotoapparat l'appareil photo
Frage la question
Fragezeichen le point d'interrogation
Frau la femme
Freitag vendredi 92
Freund/in l'ami/amie
Friseur/in le coiffeur/la coiffeuse
Frohe Ostern!

Joyeuses Pâques! 94
Frohe Weihnachten! Joyeux Noël! 94
Frohes neues Jahr! Bonne année! 95
Frosch la grenouille
Frost le gel 93
Frühling le printemps 94
Frühstück le petit-déjeuner 91
Fuchs le renard
Füller le stylo à plume
fünf cinq 78
fünf vor vier quatre heures moins cinq 90
fünfzehn quinze 78
Fuß le pied
Fußball le ballon de football
Fußballspiel le match de football
Fußboden le sol 81

G

Gabel la fourchette
Gans l'oie
Gänseblümchen la pâquerette
Garage le garage
Gardine le rideau
Garten le jardin
geben donner 87
Geburtstag l'anniversaire
gegenüber en face 84
Geige le violon
gelb jaune 78
Geld l'argent
Gemüse les légumes
Geschäft la boutique
Geschenk le cadeau
Geschichtenbuch le livre de contes
Gesicht le visage
Gespenst le fantôme
gestern hier 92
Getränk la boisson
Gewinner le vainqueur

Gewitter l'orage 93
Gießkanne l'arrosoir
Giraffe la girafe
Gitarre la guitare
Glas le verre
Glocke la cloche
glücklich heureux 83
Glühbirne l'ampoule
Goldfisch le poisson rouge
Gorilla le gorille
Gras l'herbe
Grashüpfer la sauterelle
grau gris 78
groß grand 82
Großeltern les grands-parents 80
großer Zeiger la grande aiguille 90
Großmutter la grand-mère 80
Großvater le grand-père 80
grün vert 78
Gummiband l'élastique
Gummistiefel les bottes de pluie
Gurke le concombre
Gürtel la ceinture
gut bon 83
Gute Nacht Bonne nuit 91
Guten Abend Bonsoir 91
Guten Morgen Bonjour 91
Guten Tag Bonjour 91

H

Haarbürste la brosse à cheveux
Haare (Kopf) les cheveux
Haarreifen le serre-tête
Haarschleife le ruban
Hafen le port
Hahn le coq
Hai le requin
halb fünf quatre heures et demie 90
Hals la gorge
Halskette le collier

99

A B C D E F G **H I J K** L M N O P Q R S T U V W X Y Z

Halsschmerzen le mal de gorge
Hammer le marteau
Hampelmann le pantin
Hamster le hamster
Hand la main
Handfeger la balayette
Handtuch la serviette de bain
Harke le râteau
hart dur 83
Hase le lièvre
Haselnüsse les noisettes
Haus maison 81
Hausaufgaben les devoirs
Hausschuhe les pantoufles
Haustiere
       les animaux domestiques
Haustür la porte d'entrée 81
Hecke la haie
heiß chaud 93
Heißluftballon la montgolfière
hell clair 91
Hemd la chemise
Henne la poule
Herbst l'automne 95
herunter en bas 85
Herz le cœur 79
Heu le foin
heute aujourd'hui 92
Hexe la sorcière
Himbeeren les framboises
Himmel le ciel
hinfallen tomber 89
hinter derrière 84
Hitze la chaleur 93
hoch haut 82
hoch en haut 84
Hocker le tabouret
Holz le bois
Honig le miel
hören entendre 88
Hose le pantalon
Hubschrauber l'hélicoptère
Hügel la colline
Huhn le poulet

Hühnerstall le poulailler
Hummer le homard
Hund le chien
Hundehütte la niche
Hundeleine la laisse
Hut le chapeau

I

Igel l'hérisson
in dans 85
Inlineskates les patins en ligne
Insekten les insectes
Insel l'île

J

Jacke la veste
Jäger/in
       le chasseur/la chasseresse
Jahr l'année 92
Jahreszeiten les saisons 94
Januar janvier 92
Joghurt le yaourt
Juli juillet 92
Junge le garçon
junger Hund le chiot
Juni juin 92

K

Käfer le scarabée
Kaffee le café
Käfig la cage
Kalb le veau
Kalender le calendrier 92
kalt froid 93
Kamel le chameau
Kamm le peigne
Kanarienvogel le canari
Känguru le kangourou
Kaninchen le lapin
Kaninchenstall le clapier
Kapuze la capuche
Karotte la carotte
Kartenspiel le jeu de cartes
Kartoffel la pomme de terre

Kartoffelchips les chips
Karussell le manège
Käse le fromage
Kätzchen le chaton
Katze le chat
Kaufhaus le grand magasin
Kaulquappe le têtard
Keks le biscuit
Keller la cave 81
Kerze la bougie
Kessel la bouilloire
Ketchup le ketchup
Kind l'enfant
Kinder les enfants 80
Kindergarten l'école maternelle
Kinderwagen le landau
Kinderzimmer
       la chambre des enfants 81
Kinn le menton
Kino le cinéma
Kipplader le camion-benne
Kirche l'église
Kirschen les cerises
Kissen le coussin
Kiste la boîte
Klassenzimmer
       la salle de classe
klatschen applaudir 88
Klavier le piano
Kleid la robe
Kleiderschrank l'armoire
Kleidung les vêtements
klein petit 82
kleiner Zeiger
       la petite aiguille 90
klettern grimper 89
Knie le genou
Knochen l'os
Knopf le bouton
Knoten le nœud
Koalabär le koala
Kobold le lutin
Kochtopf la casserole
Koffer la valise

A B C D E F G H I J **K L M** N O P Q R S T U V W X Y Z

Kofferraum le coffre
Kohl(kopf) le chou
Kokosnuss la noix de coco
König le roi
Königin la reine
Kopf la tête
Kopfkissen l'oreiller
Kopfsalat la laitue
Korb le panier
Kran la grue
Krankenhaus l'hôpital
Krankenschwester/Kranken-
 pfleger l'infirmier/infirmière
Krankenwagen l'ambulance
Krawatte la cravate
Krebs le crabe
Kreide la craie
Kreis le cercle 79
Kreuz la croix 79
Krokodil le crocodile
Krone la couronne
Küche la cuisine 81
Kuchen le gâteau
Kugelschreiber le stylo
Kuh la vache
Kühlschrank le réfrigérateur
Kürbis la citrouille
kurz court 82
Kuscheltier l'animal en peluche
Kuss le baiser

L

Labyrinth le labyrinthe
lachen rire 88
Lamm l'agneau
Lampe la lampe
Landkarte la carte
Landstraße la route
lang long 82
langsam lent 83
Lärm le bruit
Lasso le lasso
Lastwagen le camion
Latzhose la salopette

Läufer/in le coureur/la coureuse
Laufrad la draisienne
laut fort 83
leer vide 83
Lehrer/in
 le professeur/la professeure
Leinwand l'écran
leise silencieux 83
Leiter l'échelle
Lenkrad le volant
Leopard le léopard
lesen lire 86
letzter dernier 85
Leuchtturm le phare
Leute les gens
Licht la lumière
Lied la chanson
Lieferwagen la camionnette
liegen être allongé 89
Liegestuhl le transat(lantique)
lila violet 78
Limonade la limonade
Lineal la règle
links (à) gauche 82
Lippen les lèvres
Loch le trou
Löffel la cuillère
Lokomotive la locomotive
Lokomotivführer/in
 le conducteur de train/
 la conductrice de train
Löwe le lion
Löwenzahn le pissenlit
Luftballon le ballon
Luftmatratze
 le matelas pneumatique
Luftpumpe la pompe
Lutscher la sucette

M

Mädchen la fille
Mai mai 92
Malkasten la boîte de couleurs
Mandarine la mandarine

Mann l'homme
Mantel le manteau
Märchen le conte de fées
Margarine la margarine
Marienkäfer la coccinelle
Marionette la marionnette
Markt le marché
Marmelade la confiture
März mars 92
Maschine la machine
Maske le masque
Matrose le matelot
Mauer le mur
Maulwurf la taupe
Maus la souris
Medizin le médicament
Meer la mer
Meerschweinchen le cochon
 d'Inde
meine ma 80
Melone le melon
Messer le couteau
Milch le lait
Militärparade
 la parade militaire 96
Mineralwasser l'eau minérale
minus moins 79
Mittagessen le déjeuner 91
Mittagszeit
 la pause-déjeuner 91
Mitternacht minuit 91
Mittwoch mercredi 92
Mobile le mobile
Modelleisenbahn
 le train électrique
Monate les mois 92
Mond la lune
Montag lundi 92
Morgen le matin 91
morgen demain 92
Morgenmantel
 la robe de chambre
Motor le moteur
Motorrad la motocyclette

101

A B C D E F G H I J K L **M N O P** Q R S T U V W X Y Z

Motte la mite
Mousepad le tapis de souris
Möwe la mouette
MP3-Player le lecteur MP3
Mücke le moustique
Mund la bouche
Murmel la bille
Muschel le coquillage
Musik la musique
Musiker/in
    le musicien / la musicienne
Mutter la mère 80
Mütze la casquette

N

Nachbar/in le voisin / la voisine
Nachmittag l'après-midi 91
Nachrichten les informations
Nacht la nuit 91
Nachthemd la chemise de nuit
Nachtisch le dessert
Nachttisch la table de nuit
Nacken le cou
Nadel l'aiguille
Nagel le clou
Nähmaschine
    la machine à coudre
Name le nom
Nase le nez
Nashorn le rhinocéros
nass mouillé 82
Nationalfeiertag
    la Fête Nationale 96
Natur la nature
Nebel le brouillard 93
neben à côté 85
nehmen prendre 87
Nest le nid
Netbook le mini-PC portable
Netz le filet
neu neuf 83
Neujahr le nouvel an 95
neun neuf 78
neunzehn dix-neuf 78

Nickerchen la sieste
Nilpferd l'hippopotame
Note la note
November novembre 92
Nudeln les nouilles
Nudeln les pâtes
null zero 78
Nummer le chiffre
Nüsse les noix
Nussknacker le casse-noisettes

O

oben en-haut 81
Obst les fruits
Ochse le bœuf
Ohr l'oreille
Ohrring la boucle d'oreille
Oktober octobre 92
Onkel l'oncle 80
orange orange 78
Orangensaft le jus d'orange
Orchester l'orchestre
ordentlich rangé 83
Osterei l'œuf de Pâques 94
Osterglocke la jonquille
Ostern Pâques 94
Ozean l'océan

P

Paket le colis
Palast le palais
Pampelmuse le pamplemousse
Pandabär le panda
Panther la panthère
Papagei le perroquet
Papier le papier
Papierkorb la corbeille à papier
Papiertaschentücher
    les mouchoirs en papier
Park le parc
Pelikan le pélican
Pfadfinder le scout
Pfadfinder/in le/la guide
Pfau le paon

Pfeil la flèche
Pferd le cheval
Pfirsich la pêche
Pflaster le pansement
Pflaume la prune
Pflug la charrue
Pforte le portail
Pfote la patte
Pfütze la flaque
Picknick le pique-nique
Pilot/in le/la pilote
Pilz le champignon
Pinguin le pingouin
Pinsel le pinceau
Pirat/in le/la pirate
Planierraupe le bulldozer
plus plus 79
Polizei la police
Polizeiwagen
    la voiture de police
Polizist le policier
Polizistin la policière
Pommes frites les frites
Pony le poney
Portmonee le porte-monnaie
Postamt le bureau de poste
Postbote/Postbotin
    le facteur / la factrice
Poster l'affiche
Postkarte la carte postale
Preis le prix
Prinz le prince
Prinzessin la princesse
Pudel le caniche
Pullover le pull-over
Puppe la poupée
Puppenhaus
    la maison de poupée
Puppenwagen
    la voiture de poupée
Puzzle le puzzle
Pyramide la pyramide 79

102

A B C D E F G H I J K L M N O P Q R S T U V W X Y Z

Q

Quadrat le carré 79
Quiz le quiz

R

Rabe le corbeau
Rad la roue
Rad fahren faire du vélo 87
Radiergummi la gomme
Radieschen le radis
Radio la radio
Rakete la fusée
Rasen la pelouse
Rasenmäher
    la tondeuse à gazon
Rätsel la devinette
Ratte le rat
Rauch la fumée
Raumschiff le vaisseau spatial
Raupe la chenille
Rechteck le rectangle 79
rechts (à) droite 82
Reflektor le réflecteur
Regen la pluie 93
Regenbogen l'arc-en-ciel 93
Regenmantel l'imperméab.e
Regenschirm le parapluie
regnen pleuvoir 93
Reh le chevreuil
Rehkitz le faon
Reifen le cerceau
Reifen le pneu
Reim la rime
Reis le riz
Reißverschluss
    la fermeture éclair
reiten monter à cheval 88
Reitschule l'école d'équitation
rennen courir 89
Rennwagen la voiture de course
Rentier le renne
Reporter/in le/la reporter
Restaurant le restaurant
richtig vrai 83

Riese le géant
Ring la bague
Ritter le chevalier
Roboter le robot
Rock la jupe
Rodelschlitten la luge
Rollschuh fahren patiner 87
Rollschuhe
    les patins à roulettes
Rolltreppe l'escalier roulant
Röntgenbild la radiographie
rosa rose 78
Rose la rose
rot rouge 78
Rote Johannisbeeren
    les groseilles rouges
Rotkehlchen le rouge-gorge
Rücken le dos
Rucksack le sac à dos
Ruderboot la barque
rufen crier 88
Rutsche le toboggan

S

Sack le sac
Saft le jus
Säge la scie
Sahne la crème
Salat la salade
Salz le sel
Samstag samedi 92
Sand le sable
Sandalen les sandales
Sandburg le château de sable
Sandkiste le bac à sable
Sänger/in
    le chanteur/la chanteuse
Sattel la selle
sauber propre 82
sauer acide 82
Schaf le mouton
Schal l'écharpe
Schatz le trésor
Schaufel la pelle

Schaukel la balançoire
Schaumbad le bain moussant
Scheibenwischer l'essuie-glace
Schere les ciseaux
Scheune la grange
schieben pousser 89
Schiedsrichter/in l'arbitre
Schiff le navire
Schild le panneau
Schildkröte la tortue
Schimpanse le chimpanzé
Schinken le jambon
Schlafanzug le pyjama
schlafen dormir 88
Schlafenszeit
    l'heure du coucher 91
Schlafzimmer la chambre 81
Schläger la batte
Schläger la raquette
Schlange le serpent
Schlauchboot
    le bateau pneumatique
schlecht mauvais 83
Schleier le voile
Schlittschuhe les patins à glace
Schloss le cadenas
Schlüssel la clé
Schlüsselloch la serrure
Schmetterling le papillon
schmutzig sale 82
Schnecke l'escargot
Schnee la neige 93
Schneeflocke
    le flocon de neige 93
Schneeglöckchen le perce-neige
Schneemann
    le bonhomme de neige 95
schneien neiger 93
schnell rapide 83
Schnorchel le tuba
Schnürsenkel le lacet
Schokolade le chocolat
Schornstein la cheminée 81
Schrank le placard

103

A B C D E F G H I J K L M N O P Q R **S** T U V W X Y Z

Schraube la vis
Schraubenschlüssel la clé
Schraubenzieher le tournevis
schreiben écrire 86
Schreibtisch le bureau
Schubkarre la brouette
Schuhe les chaussures
Schule l'école
Schüler les élèves
Schulhof la cour de récréation
Schulranzen le cartable
Schulter l'épaule
Schuppen la remise
Schüssel le bol
Schwalbe l'hirondelle
Schwamm l'éponge
Schwan le cygne
Schwanz la queue
schwarz noir 78
Schwarze Johannisbeeren
    le cassis
Schwein le cochon
Schwert l'épée
Schwester la sœur 80
schwierig difficile 82
Schwimmbad la piscine
schwimmen nager 86
Schwimmflügel les brassards
Schwimmring la bouée
sechs six 78
sechzehn seize 78
See le lac
Seehund le phoque
Seelöwe l'otarie
Seerose le nénuphar
Seestern l'étoile de mer
Segel la voile
Segelboot le voilier
Seife le savon
Seifenblasen
    les bulles de savon
Seil la corde
Seil springen
    sauter à la corde 89

Seite la page
September septembre 92
Serviette la serviette de table
Sessel le fauteuil
Shorts le bermuda
sich verstecken se cacher 87
Sicherheitsgurt
    la ceinture de sécurité
Sicherheitsnadel
    l'épingle de nourrice
sie ils 84
sieben sept 78
siebzehn dix-sept 78
Silvester la Saint-Sylvestre 95
singen chanter 88
sitzen s'asseoir 89
Ski fahren skier 86
Skianzug la combinaison de ski
Skier les skis
Skistöcke les bâtons de ski
Socken les chaussettes
Sofa le canapé
Sohn le fils 80
Sommer l'été 94
Sommerferien
    les vacances d'été 94
Sonne le soleil 93
Sonnenblume le tournesol
Sonnenbrille
    les lunettes de soleil
Sonntag dimanche 92
Sparschwein la tirelire
Spaten la bêche
Spatz le moineau
Specht le pic-vert
Speck le lard
Spiegel le miroir
Spiegelei l'œuf au plat
Spiel le jeu
spielen jouer 87
Spieler les joueurs
Spielkarten les cartes à jouer
Spielkonsole
    la console de jeux vidéos

Spielplatz l'aire de jeux
Spielzeug les jouets
Spinne l'araignée
Spitzname le surnom
Sport le sport
Sportwagen la voiture de sport
sprechen parler 86
Springbrunnen la fontaine
springen sauter 89
Springseil la corde à sauter
Spüle l'évier
Stadion le stade
Stadt la ville
Stall l'écurie
Staubsauger l'aspirateur
stehen être debout 89
Steine les pierres
Stereoanlage la chaîne stéréo
Stiefel les bottes
Stiefmütterchen la pensée
Stier le taureau
Stirnband le bandeau serre-tête
Stock le bâton
Storch la cigogne
Strand la plage
Straße la rue
Strauß l'autruche
Streichhölzer les allumettes
Streit la dispute
Strich la ligne
Strickmütze le bonnet
Stricknadeln
    les aiguilles à tricoter
Strickzeug le tricot
Stroh la paille
Strohhalm la paille
Strumpfhose les collants
Stück le morceau
Stufe la marche
Stuhl la chaise
Stundenplan l'emploi du temps
Sturm la tempête 93
Sturzhelm le casque
suchen chercher 87

104

A B C D E F G H I J K L M N O P Q R S T U V W X Y Z

Suppe la soupe
Surfbrett la planche de surf
süß sucré 82
Süßigkeiten les friandises

T

Tag le jour 91
Tal la vallée
Tamburin le tambourin
Tanne le sapin
Tannenzapfen la pomme de pin
Tante la tante 80
tanzen danser 88
Tänzer/in
　le danseur/la danseuse
Tapete le papier peint
Tasche la poche
Tasche le sac
Taschengeld l'argent de poche
Taschenlampe la lampe-torche
Taschenrechner la calculatrice
Taschentuch le mouchoir
Tasse la tasse
Tastatur le clavier
Taube le pigeon
Teddybär l'ours en peluche
Tee le thé
Teekanne la théière
Teich l'étang
Telefon le téléphone
Telefonnummer
　le numéro de téléphone
Telefonzelle
　la cabine téléphonique
Teller l'assiette
Tennisplatz le court de tennis
Tennisschläger
　la raquette de tennis
Teppich le tapis
Theater le théâtre
Thron le trône
tief profond 82
Tiere les animaux

Tierwärter/in le gardien
　d'animaux/la gardienne
　d'animaux
Tiger le tigre
Tisch la table
Tischtennisschläger
　la raquette de ping-pong
Toast la tartine
Tochter la fille 80
Toilette les toilettes
Tomate la tomate
Tor le but
Torwart le gardien de but
Touchscreen l'écran tactile
Trainingsanzug le survêtement
traurig triste 83
Trecker le tracteur
Treppe les escaliers 81
treten (Ball) botter 89
Tretroller la trottinette
Triangel le triangle
Trillerpfeife le sifflet
trinken boire 87
Trittleiter l'escabeau
trocken sec 82
Trommel le tambour
Trompete la trompette
Tulpe la tulipe
tun faire 86
Tunnel le tunnel
Tür la porte
Turm la tour
Turnschuhe
　les chaussures de sport

U

U-Bahn le métro
über en haut 84
U-Boot le sous-marin
Übungsheft le cahier d'exercices
Uhr l'horloge 90
um Mitternacht à minuit 91
um ... herum autour 84
Unfall l'accident

Ungeheuer le monstre
Uniform l'uniforme
unordentlich en désordre 83
Unordnung le désordre
unser notre 81
unten en-bas 81
unter en bas 84
unter sous 85
Unterhemd le maillot de corps
Unterhose le slip
Unterrichtsstunde le cours
Untertasse la soucoupe

V

Vase le vase
Vater le père 80
Verkäufer/in
　le vendeur/la vendeuse
Verkehr la circulation
Verkehrsschild
　le panneau de circulation
Verwandte les proches 80
vier quatre 78
vier Uhr quatre heures 90
Viertel le quart
Viertel nach vier quatre heures
　et quart 90
Viertel vor vier quatre heures
　moins le quart 90
vierzehn quatorze 78
Vögel les oiseaux
Vogelscheuche l'épouvantail
voll plein 83
vor devant 84
Vulkan le volcan

W

Wachsmalstifte les pastels
Wachtel la caille
Waffel la gaufre
Wal la baleine
Wald la forêt
Walnuss la noix de Grenoble
Wandtafel le tableau (noir)

105

A B C D E F G H I J K L M N O P Q R S T U V **W** X Y **Z**

Wärmflasche la bouillotte
Warteschlange la queue
was ce que 86
Waschbecken le lavabo
Waschmaschine le lave-linge
Wasser l'eau
Wasserball le ballon de plage
Wasserfall la cascade
Wasserschildkröte
    la tortue marine
Weg le chemin
weich doux 83
Weihnachten Noël 94
Weihnachtsbaum
    le sapin de Noël 94
Weihnachtsmann
    le Père Noël 94
weinen pleurer 88
Weintrauben les raisins
weiß blanc 78
Welle la vague
Wellensittich la perruche
Welt le monde
werfen lancer 89
Werkzeuge les outils
Wespe la guêpe
Wetter le temps 93
Wettlauf la course
Wiese le pré
Wind le vent 93
Windel la couche
Winter l'hiver 95
Wippe la balançoire à bascule
wo où 84
Wochenende le week-end 92
Wochentage
    les jours de la semaine 92
Wohnung l'appartement
Wohnwagen la caravane
Wohnzimmer le salon 81
Wolf le loup
Wolke le nuage 93
Wolkenkratzer le gratte-ciel
Wolle la laine

Wörter les mots
Wörterbuch le dictionnaire
Würfel le dé
Wurm le ver
Würstchen les saucisses

Z

Zahlen les nombres 78
zählen compter 86
Zahnbürste la brosse à dents
Zähne les dents
Zahnpasta le dentifrice
Zahnschmerzen
    la rage de dents
Zange la pince
Zauberer le magicien
Zauberkünstler
    le prestidigitateur
Zauberstab
    la baguette magique
Zaun la clôture
Zebra le zèbre
Zebrastreifen le passage piéton
Zehen les orteils
zehn dix 78
zehn nach vier quatre heures
    dix 90
zeichnen dessiner 86
Zeichnung le dessin
zeigen montrer 86
Zeitschrift le magazine
Zeitung le journal
Zelt la tente
Ziege la chèvre
ziehen tirer 89
Zimmer la pièce
Zimmerdecke le plafond 81
Zirkus le cirque
Zitrone le citron
Zoo le zoo
Zucker le sucre
Zug le train
zuhören écouter 86
zumachen fermer 86

Zunge la langue
zwanzig vingt 78
zwei deux 78
Zweig la branche
zweiter deuxième 85
Zwiebel l'oignon
Zwillinge les jumeaux/jumelles
zwischen entre 84
zwölf douze 78

Meine Lieblingswörter

Unser erstes
BILDWÖRTERBUCH
FRANZÖSISCH

Übersetzung:	Guilhem Loustalot-Forest
Redaktion:	Rebecca Syme
redaktionelle Mitarbeit:	Stefanie Pott
Projektleitung:	Sinéad Butler
Layout und technische Umsetzung:	Katrin Tengler, Berlin
Umschlaggestaltung:	Cornelsen Verlag Design/
	Klein & Halm Grafikdesign, Berlin
Umschlagillustration:	Peter Pfeiffer, Berlin
Illustrationen:	Oxford Designers & Illustrators, Gabriele Heinisch
Tonstudio und -technik:	clarity Studio, Berlin
Toningenieur und Aufnahmeleitung:	Christian Schmitz, Pascal Thinius

www.lextra.de
www.cornelsen.de

Die Internet-Adressen und -Dateien, die in diesem Lehrwerk angegeben sind, wurden vor Drucklegung geprüft.
Der Verlag übernimmt keine Gewähr für die Aktualität und den Inhalt dieser Adressen und Dateien oder solcher,
die mit ihnen verlinkt sind.

1. Auflage, 1. Druck 2011

Alle Drucke dieser Auflage sind inhaltlich unverändert und können im Unterricht nebeneinander verwendet werden.

© 2011 Cornelsen Verlag, Berlin

Das Werk und seine Teile sind urheberrechtlich geschützt.
Jede Nutzung in anderen als den gesetzlich zugelassenen Fällen bedarf der vorherigen schriftlichen Einwilligung des Verlages.
Hinweis zu den §§ 46, 52a UrhG: Weder das Werk noch seine Teile dürfen ohne eine solche Einwilligung
eingescannt und in ein Netzwerk eingestellt oder sonst öffentlich zugänglich gemacht werden.
Dies gilt auch für Intranets von Schulen und sonstigen Bildungseinrichtungen.

Druck: CS-Druck CornelsenStürtz, Berlin

ISBN 978-3-589-01652-5

 Inhalt gedruckt auf säurefreiem Papier aus nachhaltiger Forstwirtschaft.